请从正文中找出上面的蟋蟀和三只甲虫。它们一直在关注杰拉德，每一个对开页中都有它们。
要记得哦，这三只甲虫的颜色是不一样的，它们分别是红色的、黄色的和蓝色的！

长颈鹿不会跳舞

著作权合同登记号 图字：01-2011-7237

图书在版编目(CIP)数据

长颈鹿不会跳舞 / (英) 安德烈著；(英) 帕克-里斯绘；麦豆，兰童译. —北京：北京科学技术出版社，2013.11重印
ISBN 978-7-5304-5704-7
Ⅰ.①长… Ⅱ.①安… ②帕… ③麦… ④兰… Ⅲ.①儿童文学－图画故事－英国－现代 Ⅳ.①I561.85
中国版本图书馆CIP数据核字(2012)第000542号

长颈鹿不会跳舞

作　　者：[英] 吉尔斯·安德烈	译　　者：麦 豆 兰 童
绘　　者：[英] 盖伊·帕克-里斯	责任编辑：郑京华
策　　划：郭云艳	责任印制：张 良
出 版 人：张敬德	出版发行：北京科学技术出版社
社　　址：北京西直门南大街16号	邮政编码：100035
电话传真：0086-10-66161951（总编室） 0086-10-66161952（发行部传真）	0086-10-66113227（发行部）
电子信箱：bjkjpress@163.com	网　　址：www.bkjpress.com
经　　销：新华书店	印　　刷：北京捷迅佳彩印刷有限公司
开　　本：950mm×1194mm 1/16	印　　张：2.5
版　　次：2012年4月第1版	印　　次：2013年11月第7次印刷

ISBN 978-7-5304-5704-7/I·162

定价：29.80元

长颈鹿不会跳舞

［英］吉尔斯·安德烈/著

［英］盖伊·帕克-里斯/绘

麦豆　兰童/译

北京科学技术出版社

杰拉德是只长颈鹿，
长脖子优美而纤细。
可惜膝盖向外弯曲，
腿瘦得骨头连着皮。

他静静站立十分优雅，
抬头就能吃到树顶的叶片。

但是如果要他转个圈，
他就会膝盖扭曲四脚朝天。

非洲每年的丛林舞会，
热闹非凡而令人流连。
丛林里的每一个动物，
都要出席并尽情蹦跹。

今年的舞会如期而至，
大个子杰拉德眉头紧蹙。
跳舞这件事对他来说，
实在是心有余而力不足。

疣猪们表演了华尔兹，

犀牛们的摇滚很疯狂。

狮子们成对跳起探戈，
舞步优雅而热情奔放。

黑猩猩集体跳恰恰，
拉丁旋风迎面而刮。

八只狒狒两两结成舞伴，

苏格兰圆圈舞风采尽展。

杰拉德深深吸口气，
鼓足勇气走上舞台。
狮子们看到他出场，
顿时哄堂笑开了怀。

“快来看蠢笨的杰拉德！”
伙伴们都嘲笑他，
“长颈鹿天生不会跳舞，
杰拉德你别犯傻！”

杰拉德听了僵在原地，
四脚生根一动也不动。
“他们的话确实很在理，
我就像块木头没啥用。”

杰拉德痛苦地缓缓走下舞台，
黯然转身独自踏上回家的路。
听到动物们在身后哈哈大笑，
杰拉德内心充满悲伤和苦楚。

这时眼前出现了一块林中空地，
杰拉德抬头望了望晴朗的夜空。
皎洁的月亮又大又圆非常美丽，
杰拉德低头轻轻叹气心情沉重。

“打扰一下！”
一只蟋蟀咳嗽两声开了腔，
他已观察杰拉德很久很久。
“其实如果你想要变得不一样，
只需一支不一样的曲子就够。”

“你听，青草在摆动！
你听，树枝在摇晃！
在我看来，最甜美的音乐就是
枝条在微风中发出的自由声响。”

“想象一下，天上那可爱的月亮
正在轻声为你歌唱。
万物都能创作音乐，
只要你真诚地渴望。”

蟋蟀说完微微一笑，
缓缓拉起了小提琴。
杰拉德突然有了感觉，
身体随音乐舞个不停。

他的蹄子轻轻敲击地面，
在地上画出优美的弧线。
长长的脖子轻快地摇摆，
短短的尾巴甩出了圈圈。

他终于完全舒展开了四肢，
尽情地向着各个方向舞动。
突然他翻了个漂亮的跟头，
身体一跃而起飞到了半空。

杰拉德的感觉非常美妙，
他惊讶得张大嘴巴喊道：
“我在跳舞！我在跳舞！”
他一边跳一边不停地叫。

听到杰拉德惊喜的叫声，
动物们陆陆续续赶过来。
看到杰拉德的曼妙舞姿，
大家都惊讶得目瞪口呆。

围观的动物大声喊道：
“眼前的一切真神奇，
我们一定是在梦里。
杰拉德成了最棒的舞者，
拥有最了不得的舞技！”

“杰拉德你怎么跳得这样好？
求求你快告诉我们你的秘诀。”
杰拉德听了轻轻地转一个圈，
先给伙伴们鞠个躬表示感谢。

然后他再一次抬起头望向夜空，
只见星星和月亮更加美丽明亮。
“只要找到内心需要的那支乐曲，
我们大家其实都可以跳得很棒。”

吉尔斯·安德烈，英国畅销童书作家、诗人。他撰写了多本儿童绘本，其中《想要爱的狮子》与《好多好多短裤》分别获得1998年和2003年红房子最佳绘本奖，《想要爱的狮子》在1998年还获得童书联合会最佳儿童绘本奖，《长颈鹿不会跳舞》与《妈妈肚子里有座房子》则常年稳居英国图书畅销榜前列。他还创造了备受欢迎的卡通形象紫色龙妮，是英国炙手可热的作家。

盖伊·帕克-里斯，英国家喻户晓的插画家。《长颈鹿不会跳舞》明快的画风，四处洋溢的快乐气息，深受业界好评，曾获蓝彼得图书奖提名、理查德与朱迪奖提名以及谢菲尔德图书推荐。《童书概览》评价盖伊是“一位极富激情的童书画家”，《每日邮报》说他在《短裤上的蚂蚁》一书中“创造了一个生动有趣的野外世界”。